EXAMEN DES CANDIDATS AUX PROCHAINES ÉLECTIONS.

Les citoyens se rappelleront sans cesse, que c'est de la sagesse des choix dans les assemblées primaires et électorales, que dépendent principalement la durée, la conservation et la prospérité de la République. (Art. 376 de l'acte constitutionnel.)

PRIX CINQ SOLS.

À PARIS,
De l'IMPRIMERIE de DEMORAINE, rue du Petit-Pont, n°. 99.

L'an V. 1797.

AVIS.

On a publié sur les élections, et l'on publiera des idées ingénieuses et brillantes. Quant à moi, j'ai eu pour but de réunir dans un seul cadre des vérités à la portée de tous les esprits. Elles pourront être utiles, et procurer de bons choix, en ramenant à des principes simples, qui n'auraient jamais dû être oubliés. Voilà toute mon ambition. Je n'ai pas celle de fixer les regards. Il existe certainement dans la République, en nombre supérieur aux places à donner, beaucoup d'hommes aussi probes et en même tems plus éclairés que moi.

EXAMEN

DES CANDIDATS

Aux prochaines Élections.

AVANT de donner ma voix à un Candidat pour quelques fonctions que ce puisse être, je m'informerai :

S'il est *probe ?* Un fripon est toujours prêt à vendre sa conscience.

Désintéressé ? L'homme cupide devient souvent fripon.

Au-dessus des premiers besoins de la vie ? Une fonction publique n'est pas un métier ; et, si pauvreté n'est pas vice, elle rend plus accessible à la corruption.

En de-çà du faste et du luxe ? Le faste et le luxe entraînent souvent à des dépenses qui excédent les revenus, et détournent de l'application qu'exigent les fonctions publiques.

S'il a des *moeurs irréprochables ?* On obtient tout d'un homme sans mœurs, dès qu'on a su intéreser les objets de sa passion ; et il s'occupe plus de ses plaisirs que de ses devoirs.

Si ses *affaires domestiques sont bien administrées ?* Comment celui qui ne sait pas mettre de l'ordre dans sa maison, en mettra-t-il dans l'état ?

Je ne demanderai pas s'il est de telle ou telle secte, mais s'il a des *principes religieux ?* Car la pratique constante du bien est immédiatement liée pour la généralité des hommes, à la croyance de l'existence de Dieu et de l'immortalité de l'ame.

Je veux savoir s'il est *bon fils, bon frère, bon ami, bon père, bon époux ?*

Celui qui manquerait à ces premiers devoirs de la nature, ne pourrait servir la grande famille avec zèle et fidélité.

S'il paraît bien convaincu qu'une révolution entraîne, pour la génération qu'elle frappe, plus de maux qu'elle n'en guérit ; que tout gouvernement est bon, quand il protége ; que chez un peuple où les pensées circulent facilement, il faut tendre à la destruction des abus, en favorisant le progrès de lumières, et non par des secousses violentes ; si, d'après ces principes, il est *sincèrement et par raison attaché au gouvernement établi?* Car nous n'avons eu que trop de hardis novateurs qui n'ont su que détruire ; et je ne veux plus courir les chances d'un autre ordre de choses.

Quoique j'exige dans le Candidat

un attachement ferme à la constitution, je ne me déciderai pas en sa faveur sur ce qu'il aurait été républicain sous la monarchie : je craindrais qu'il ne devînt royaliste sous la République ; mais je le rejetterai s'il a été anarchiste. Car un partisan du désordre ne peut concourir à la marche d'un gouvernement organisé.

Je ne donnerai pas ma voix à ces hommes *trop aigris par des souvenirs douloureux*, quelques talens qu'ils puissent avoir, et quelqu'injustes qu'aient été les persécutions qu'ils ont souffertes. L'oubli de tous les torts peut seul ramener le calme ; et des hommes qui n'ont pas assez de force d'ame pour sacrifier leurs ressentimens à la patrie, ne sont propres qu'à perpétuer les haines, les divisions et tous les maux qui en résultent.

Je m'informerai si le Candidat *aime le travail?* Sans cette qualité, il négligerait ses devoirs.

Je m'informerai, non s'il parle bien, mais s'il *pense sainement.*

Non s'il a de l'esprit, mais s'il a des *lumières.*

S'il a ce *courage tranquille* qui fait braver à l'homme de bien tous les dégoûts dont les gens en place sont souvent abreuvés?

S'il a cette *fermeté impassible*, qui met au-dessus de toutes les sollicitations, de toutes les séductions, de tous les petits intérêts?

S'il a une *tête froide et bien organisée*, qui lui fasse envisager les choses dans leur vrai point de vue, qui calme les passions et les fureurs de parti, ou en arrête les effets? Je me défie de ces hommes qui parlent sans cesse, qui voient des traîtres et des conspirateurs dans ceux qui n'adoptent pas toutes leurs opinions, qui, même avec des intentions pures, créent des factions par leur opiniâtreté, et deviennent chefs de parti, sans le vouloir.

Outre ces qualités, qui, *toutes*, me semblent indispensables, j'exigerai, si j'ai à nommer un *juge*, qu'il joigne à l'*étude approfondie des lois*, une *expérience consommée*; si c'est un *administrateur*, qu'il possède l'*esprit d'ordre et d'exactitude dans les détails*.

Si c'est un *représentant*, je serai bien plus sévère dans mes informations. Je rejetterai tout candidat qui n'aura pas à un degré éminent les qualités que je requiers. Ce sont les représentans qui décident du sort de l'état; ils nomment les magistrats suprêmes ; ils ouvrent les coffres du trésor public ; ils disposent, par leurs lois, de la fortune, de l'honneur, de la liberté, de la vie des citoyens ; ils peuvent bouleverser l'empire; et ils ne sont assujétis qu'à une responsabilité morale et collective !

Que ne m'est-il permis de *faire mes conditions* avec celui que je vais nommer pour me représenter ! Je lui ferais signer le pacte suivant :

» Je m'engage envers mes commettans à ne donner mon assentiment qu'à des mesures de modération, propres à cicatriser les plaies de l'état.

» Je m'engage à faire disparaître, autant qu'il sera en moi, de la législation, toutes les traces du gouvernement révolutionnaire, et à la ramener toute entière aux principes du régime constitutionnel.

» Je m'engage à empêcher de toutes mes forces qu'il ne soit porté atteinte à la sûreté, à la propriété, à la liberté individuelles, à celle de la presse, des cultes, des opinions, et à tous les droits que la société doit garantir.

» Je m'opposerai à tous actes contraires à la constitution, et à tous changemens ou innovations, qu'on essaierait d'y introduire par d'autres moyens que ceux qu'elle indique elle-même.

» Je m'engage à solliciter la réparation de l'injustice qu'a commise le conseil des cinq-cents, en passant à l'ordre du jour sur la restitution des biens de la citoyenne Despagne, soumissionnés par le représentant Abolin, qui, au lieu d'être confirmé dans son usurpation, aurait dû être puni, ou du moins censuré, pour avoir méconnu l'arrêté des administrateurs de son département. Je mettrai dans cette affaire, toute particulière qu'elle paraît être, la chaleur qu'elle exige, parce que, depuis la décision du conseil des cinq-cents, elle est devenue une violation de propriété, faite par une autorité publique, et que, sous ce rapport, elle intéresse tous les citoyens.

» Sans demander de nouvelles exceptions en faveur des émigrés, ce qui est interdit par la constitution, je provoquerai, s'il n'a pas encore été adopté par la législature précédente, un mode de radiation, tel que les nombreuses victimes de l'erreur ou de la persécution puissent *facilement et promptement* être rétablies dans la jouissance de leurs droits, et que le pouvoir exécutif ne puisse plus disposer de la vie de cinquante mille citoyens, en les inscrivant, les conservant, ou les réintégrant sur les listes d'émigrés, et en les envoyant à l'échafaud, sans que le tribunal qui applique la loi, puisse les admettre à prouver, quand ils le demandent, qu'ils ne sont pas dans le cas de l'émigration.

» Je ferai tout ce que me permettront mes fonctions législatives, pour arrêter l'effusion du sang humain par une paix solide et fondée sur la justice.

» Je ne voterai de concessions de fonds, qu'après en avoir bien constaté la nécessité ; je vérifierai exactement tous les comptes de l'administration ; je ne consentirai que les contributions indispensables, et que celles qui peuvent se percevoir, sans exposer le peuple aux vexations d'une armée d'employés.

» Je ne cesserai de réclamer pour qu'on fasse rendre compte aux sangsues publiques, et pour qu'on paye *exactement et totalement* les vrais créanciers de l'état. Jusqu'à ce qu'on y parvienne, j'insisterai sur les économies, même minutieuses.

» Je serai exact aux séances ; je prendrai note des argumens qui m'auront le plus frappé dans les discussions, afin de pouvoir donner mon avis en connaissance de cause, sans recourir à ces impressions couteuses et inutiles d'opinions prononcées à la tribune.

» Si l'article 370 de la constitution n'interdisait à tout citoyen de renon-
en tout ou partie à l'indemnité ou

au traitement qui lui est accordé, à raison de fonctions publiques, je m'engagerais de bon cœur à ne toucher que le quart ou la moitié de mes indemnités, tant que les rentiers ou pensionnaires ne toucheront eux-mêmes que le quart ou la moitié de leurs traitemens ou pensions; mais je promets de ne garder de mes indemnités qu'une part équivalente à celle que recevront les véritables créanciers de l'état, et à distribuer le reste aux rentiers et pensionnaires les plus nécessiteux de mon département.

» Je m'engage à rejetter, comme funeste à l'état, toute proposition injuste, quelqu'apparence d'utilité qu'elle présente, attendu que rien de ce qui est injuste ne peut être vraiment utile, et que la prospérité des empires est fondée sur la justice.

» Je m'engage en un mot à protéger l'innocence, à veiller à ce que le gouvernement observe la plus exacte fidélité dans l'exécution de ses engagemens, et ramène, par son exemple, la bonne foi dans les transactions. »

Telles sont les obligations que je voudrais imposer à ceux que je revêtirais du titre de représentans du peuple, titre auguste, et trop avili par de mauvais choix.

Mais comme l'article 52 de la constitution porte qu'il ne peut être donné de mandat aux membres du corps législatif, ce sera pour moi une raison de plus d'être sévère dans mon examen, et de ne confier mes intérêts les plus chers qu'à ceux que je saurai bien disposés à remplir leurs devoirs ; sans être liés par un mandat impératif.

Paris, nivose, an V, 7 Janvier 1797.

CHEMIN,

Propriétaire, rue Neuve-Etienne, nº. 25, division du Jardin-des-Plantes, ci-devant domicilié dans la division de la Cité.

Se trouve chez l'auteur, à l'adresse ci-dessus ;

Au cabinet littéraire de Girardin, Jardin-Egalité, près le bassin ;

Et chez Michel, libraire, rue de l'Arbre-Sec, numéros 35 et 38.

On souscrit aux mêmes adresses, 1º. pour *l'Abbeille*, journal de 4 p. in-8º., à 2 colonnes, petit texte, qui paraît tous les trois jours, depuis le 3 frimaire, an V, 23 novembre 1796, et qui offre une analyse impartiale de toutes les feuilles périodiques. 6 liv. 12 s. pour six mois. 2º. Pour le *Courier de la librairie*, journal des mêmes format et caractère, qui rend compte des ouvrages nouveaux, éditions nouvelles, etc. 6 liv. 12 s. pour 48 numéros, formant une année complette. — *Manuel des Théophilantropes*, ou adorateurs de Dieu et amis des hommes, contenant l'exposition de leurs dogmes, de leur morale et de leurs pratiques religieuses, publié par C.... Prix 6 s. à Paris, et 8 s. franc de port.

www.ingramcontent.com/pod-product-compliance
Lightning Source LLC
LaVergne TN
LVHW020506230826
846091LV00008BA/3375

* 9 7 8 2 0 1 6 1 7 6 7 5 7 *